Brot

selber backen

> Autorin: Kristiane Müller-Urban | Fotos: Jörn Rynio

Inhalt

Die Theorie

Die Rezepte

Extra

Unser täglich Brot

Man nehme Mehl, Wasser, Hefe, Salz und verknete alles kräftig zu einem glatten Teig. Nach der Ruhezeit an einem warmen Ort – im Backofen, in der Nähe der Heizung oder am Fenster in der Sonne – wird der Teigling im heißen Backofen knusprig gebacken. So entsteht schon seit über 2000 Jahren unser täglich Brot. Brot und Brötchen im eigenen Backofen zu backen, ist gar nicht schwer. Nur wenige Dinge sind zu beachten. Mit den richtigen Zutaten, etwas Geduld und den Anregungen in diesem Buch gelingen würzige, lockere, kernige Brote und Brötchen ganz leicht. Einfach Ausprobieren und genießen!

Grundrezept

Das brauchen Sie

Eine Schüssel, ein feines Sieb zum Durchsieben von Mehl, einen Schneebesen und einen Holzlöffel. Die Flüssigkeit stellen Sie gleich in einem Messbecher bereit. Zum Abmessen von Zucker, Salz und Backferment sind Tee- und Esslöffel ideal. Zum Teigkneten brauchen Sie eine bemehlte Arbeitsfläche oder ein Holzbrett. Während der Gehzeit schützen ein sauberes Küchentuch und eine Plastiktüte vor dem Austrocknen.

Hefeteig

FÜR 1 BROT

➤ 1 kg Mehl (Type 405)
1 Würfel Hefe (42 g)
1 TL Zucker
2 TL Salz
40 g weiche Butter
Mehl zum Bearbeiten

TIPP

Teig zubereiten

Hefeteig für Brot und Brötchen muss immer so lange geknetet werden, bis er elastisch ist und nicht mehr klebt. Ist der Teig zu fest oder gar krümelig, fügen Sie noch etwas lauwarme Flüssigkeit hinzu. Klebt er an den Händen, hilft etwas Mehl oder Schrot.

1 *Mehl durch ein Sieb in eine Schüssel sieben. Hefe und Zucker in 1/2 l lauwarmen Wasser auflösen.*

2 *Salz und Butter in Flöckchen auf den Mehlrand setzen. Angerührte Hefe über das Mehl gießen, alle Zutaten mit dem Holzlöffel grob mischen.*

3 *Den Teig mit den Händen auf einer bemehlten Arbeitsfläche 10 Min. kneten, bis er elastisch ist. Schüssel mit Mehl bestäuben, den Teig hineinlegen.*

4 *Die Schüssel mit einem Küchentuch abdecken, den Teig mindestens 30 Min. an einem warmen Ort ruhen lassen, bis er sein Volumen verdoppelt hat.*

Brotteig formen

Brot- und Brötchenteige sind in der Regel so stabil, dass sie auch während des Backens ihre Form behalten: So lassen sich aus den verschiedenen Teigen längliche oder runde Laibe und Laibchen, Stangen, Kringel und Fladen, Brezeln, Hörnchen und Zöpfe formen. Die geformten Teiglinge werden auf ein mit Butter oder Schmalz gefettetes oder mit Backpapier oder Backmatte ausgelegtes Backblech gelegt. Damit das Brot eine dekorative Oberfläche bekommt, können Sie den Teig zuvor in Peddigrohrkörben aus dem Haushaltswarengeschäft ruhen lassen. Selten wird Brot in Kuchenformen gebacken. Dennoch eignen sich für weiche Teige Kuchenformen aus Glas oder Metall, feuerfeste Keramikformen oder Tongefäße.

Peddigrohrkörbe

1

Brote aus Roggenmehl oder einer Mischung aus Roggen- und Weizenmehl erhalten eine schöne Oberfläche, wenn Sie die Teiglinge mit Mehl bestäubt in runden oder länglichen Peddigrohrkörben ruhen lassen.

Backbleche

2

Helle oder dunkle Bleche mit Butter, Butterschmalz, Schweine- oder Gänseschmalz einfetten. Öl ist ungeeignet. Sie können die Bleche auch mit Backpapier oder einer -matte auslegen. Beides erspart das Reinigen der Bleche.

Kastenformen

3

Brote aus weichem Teig, z. B. mit Backferment zubereitet, werden in einer Kastenform von 25 cm Länge, einer beliebigen Form aus hellem oder dunklem Metall oder Jenaer Glas gebacken. Die Form vorher einfetten.

Blumentöpfe

4

Brötchen und kleine Brote in Blumentöpfen gebacken sind ideal fürs Partybüfett. Dafür die Tontöpfe unter heißem Wasser abbürsten. Backpapier quadratisch zuschneiden, die Töpfe damit auskleiden.

Mehl und Schrot

Weizenmehl: Gibt es in verschiedenen Typen, die den Gehalt an Mineralstoffen anzeigen. Je höher die Typenbezeichnung, desto höher ist der Nährstoff- und Ballaststoffgehalt. Sie können wählen zwischen Weizenmehl Type 405, 550, 812, 1050, 1600 oder 1700.

Weizenvollkornmehl: Nährstoffreiches Mehl ohne Typenbezeichnung. Es enthält die gesamten Bestandteile der gereinigten Körner einschließlich des Keimlings. Vollkornmehl und -schrot sind leicht verderblich, daher umgehend nach dem Kauf verbacken.

Weizenbackschrot: Dieses grobe Mehl hat die Typenbezeichnung 1700. Es enthält von allen Mehlsorten, bis auf Vollkornmehl und Vollkornschrot, den höchsten Gehalt an wichtigen Mineral- und Ballaststoffen.

Roggenmehl: Gibt es im Handel mit den Typenbezeichnungen 815, 997, 1150, 1370, 1740 sowie als Roggenbackschrot Type 1800. Roggenmischbrot besteht beispielsweise aus 60 % Roggenmehl und 40 % Weizenmehl.

Dinkelmehl: Dinkel ist eine alte Weizenart, die wieder angebaut wird. Unreif geernteter Dinkel wird gedarrt (gedörrt) und kommt als Grünkern in den Handel. Dinkelmehl gibt es mit den Typenbezeichnungen 630, 812 und 1050.

Sechskorn-Vollkorn-Schrot: Diese Mehlspezialität, es gibt auch eine Vierkornmischung (Körner und Flocken), kaufen Sie am besten im Bioladen oder Reformhaus. Lassen Sie sich die Körner mahlen oder schroten.

Brotgewürze

Anis und Fenchel: Anis wird auch süßer Kümmel oder Brotsame genannt. Er ist mit Kreuzkümmel, Kümmel, Dill und Fenchel verwandt. Fenchel ist eine sehr alte Kulturpflanze mit typischem Geschmack. Anis und Fenchel als ganze Samen kaufen und im Mörser zerreiben.

Kümmel und Koriander: Kümmel ist ein altbekanntes Gewürz. Kümmelsamen sorgen für die Bekömmlichkeit von Broten und Speisen. Koriandersamen schmecken würzig-pfeffrig. Sie werden wie alle festen Gewürze ganz verwendet oder im Mörser zerrieben.

Nüsse und Samen: Für einen kernigen Geschmack sorgen Hasel-, Wal- und Erdnüsse, Mandeln, Pekannüsse sowie geschälte Sesamsamen, Kürbis-, Pinien- und Sonnenblumenkerne. Nüsse und Samen kühl aufbewahren.

Getrocknete Tomaten und Oliven: Beide Zutaten aus der Mittelmeerküche grob zerkleinern. Sie werden zusammen mit erstklassigem Olivenöl zum Backen von sehr würzigen Broten und Brötchen verwendet.

Zwiebel- und Speckwürfel: Zwiebelwürfel in wenig Fett hellbraun, Speckwürfel leicht knusprig braten. Sie verleihen Brot und Brötchen einen kräftigen Geschmack. Geröstete Zwiebeln sind auch als Fertigprodukt erhältlich.

Getrocknete Kräuter: Verwenden Sie zum Würzen von Brot und Brötchen nur getrocknete Kräuter wie Thymian, Majoran, Oregano, Rosmarin, Dill, Estragon, Minze und Salbei, aber nur sparsam.

Grundrezept

Sauerteig selber machen

Sauerteig ist ein Lockerungsmittel für Brot, er wirkt durch Sauerteighefen und Milchsäurebakterien. Brote und Brötchen aus Roggenmehl können nur mit Sauerteig gelockert werden. Auch Weizengebäck wird, wenn es Vollkornmehl und Schrot enthält, mit Sauerteig schön luftig. Sauerteig muss kräftig geknetet werden und braucht viel Wärme, damit das Gebäck locker wird. Sauerteiggebäck schmeckt sehr aromatisch.

Sauerteig-ansatz

- **250 g Roggenmehl (Type 815)**
  1 EL Molke (ersatzweise Joghurt, Buttermilch oder Sauerkrautsaft)

TIPP

Verdorbener Sauerteig

Wenn der Sauerteigansatz zu kalt steht, bilden sich keine Milchsäurebakterien, sondern Essigsäuren. Der Ansatz riecht dann scharf und schmeckt unangenehm. Er ist verdorben und muss weggeworfen werden.

1 *Mehl, 1/4 l lauwarmes Wasser und Molke verrühren. In ein Weckglas füllen, verschließen und 2–3 Tage bei 30–40° ruhen lassen.*

2 *Der fertige Sauerteig riecht angenehm säuerlich, zeigt Gärungsbläschen und feine Risse an der Oberfläche. 50 g von diesem Grundansatz reichen für ein Brot.*

3 *Grundansatz mit etwas Mehl und lauwarmem Wasser mischen, abgedeckt am warmen Ort 12 Std. ruhen lassen. Mit den Zutaten des Rezepts 10 Min. kneten und 1 Std. ruhen lassen.*

4 *Restlichen Sauerteigansatz mit Roggenmehl zu Krümeln verar beiten und im Schraub glas bis zu 3 Monate kühl stellen. Bei Bedar nur mit Wasser und Me wieder neu ansetzen.*

Backtreibmittel

Hefe: Gibt es in Würfeln zu 42 g im Kühlregal. Sie soll von hellgrauer Farbe, leicht feucht sowie geschmeidig sein und appetitlich riechen. Eine Alternative ist Trockenhefe. Hinweise auf der Packung beachten. Zutaten für Hefeteig müssen zimmerwarm, besser 37° warm sein. Hefe verträgt weder kalte Hände noch Zugluft und darf nicht direkt mit Salz und Fett in Berührung kommen. Hefeteig müssen Sie gründlich kneten und Zeit zum Aufgehen geben, damit das Gebäck locker wird.

Sauerteig: Backfertigen Sauerteig für Roggenbrote gibt es in Reformhäusern, Bioläden und gut sortierten Supermärkten. Im Handel sind flüssiger Sauerteig in Beuteln (Hensel Natursauerteig, 150 g) und trockener Sauerteig in Beuteln und Dosen. Er ist einfach zu handhaben. Zusätzlich zum Sauerteig wird frische Hefe oder Trockenhefe benötigt. Backhinweise finden Sie auf jeder Packung.

Backferment: Eine Gärhilfe wie Sauerteig ist Spezial-Backferment (von Sekova) aus dem Reformhaus. Es säuert den Teig und macht das Gebäck locker. Mit Backferment wird ein Grundansatz hergestellt, der 12 Std. ruhen muss. Mit diesem Grundansatz, Backferment, Wasser und Mehl wird dann der Vorteig angesetzt, der 12 Std. ruhen muss. Einfacher ist es, den Grundansatz zu kaufen. Teig mit Backferment und Grundansatz muss nicht lange geknetet werden, er braucht aber viel Wärme und Zeit zum Ruhen.

Backpulver: Das weiße Pulver aus der Tüte wird selten zum Brot- und Brötchenbacken verwendet. Helle Brote und Brötchen lassen sich trotzdem damit herstellen. Vorteil: Backpulverteig kann sofort gebacken werden; die mehr oder weniger lange Ruhezeit entfällt. Backpulver wird stets mit etwas Mehl vermischt. Handelsübliches Backpulver besteht aus Natron und Natriumphosphat. Phosphatfreies Weinsteinbackpulver aus dem Reformhaus oder Bioladen besteht aus Weinsäure.

Süße und pikante Brotaufstriche

Apfel-Mandel-Mus

Für 1 Glas (350 ml Inhalt): 2 feste Äpfel schälen, entkernen und 1/2 cm groß würfeln. 50 g Zucker zu hellem Karamell schmelzen lassen, 2 EL Honig und 1 EL Butter sowie 30 g gehackte Mandeln hinzufügen und kurz rösten. Apfelwürfel, etwas Zimt und 2 EL Rosinen dazugeben und bei schwacher Hitze 5 Min. garen, dabei öfter umrühren. In ein Schraubglas füllen. Im Kühlschrank hält sich das Mus 2–3 Tage.

Amarena-Kirsch-Frischkäse

Für etwa 400 g: 1 Glas Amarena-Kirschen (250 g Inhalt) in einem Sieb abtropfen lassen, dabei den Saft auffangen. 150 g Doppelrahmfrischkäse mit 2–3 EL Kirschsaft und 2 EL Zitronensaft glatt rühren. 4 Kirschen halbieren und beiseite legen. Den Rest grob hacken und mit dem Frischkäse mischen. 2 EL ungesalzene Pistazienkerne hacken und mit der Creme verrühren. In ein Schälchen füllen. Mit 1 EL ungesalzenen Pistazienkernen und den Kirschhälften garnieren.

Ziegenfrischkäse mit Spinat

Für etwa 300 g: 75 g tiefgekühlten Blattspinat auftauen lassen und in 1 TL Butter 2 Min. garen. Herausnehmen, gut ausdrücken, grob hacken, abkühlen lassen. 125 g Ziegenfrischkäse mit je 1 EL gehacktem Knoblauch, Pinienkernen und 2 EL Crème fraîche verrühren. Den Spinat mit der Käsecreme mischen. Mit Salz, Cayennepfeffer und Zucker würzen.
Variante: 50 g weiche Butter mit Feta pürieren, Spinat, Knoblauch, Gewürze wie oben zugeben.

Tomatenbutter mit Thymian

Für etwa 150 g: 125 g weiche Butter mit 3 EL Tomatenmark, je 1 Prise Salz, Zucker und Cayennepfeffer sowie 1 TL gehacktem Thymian verrühren. Tomatenbutter kegelförmig in ein Schälchen füllen. Mit der Gabel eindrücken, mit Thymian bestreuen und kühl stellen.
Variante: Die Butter mit Salz, Cayennepfeffer, 1 EL gehacktem Rucola und 2 EL grob zerkleinerten Blüten verrühren. Zu einer Rolle formen und in den Kühlschrank stellen.

Matjes in Currysahne

Für etwa 400 g: 1 Frühlingszwiebel hacken. 1 haselnussgroßes Stück Ingwer schälen und fein hacken. 2 Scheiben Ananas aus der Dose in schmale Streifen schneiden. 2 EL Mayonnaise mit je 1 EL saurer Sahne und Currypulver, Frühlingszwiebel, Ingwer und Ananas verrühren. Mit wenig Salz und Cayennepfeffer würzen. 3 EL Sahne steif schlagen und unterheben. 2 große Matjesfilets quer in schmale Streifen schneiden und untermischen.

Tunfischhäckerle

Für etwa 300 g: 1 Zwiebel schälen, fein würfeln. 1 kleine Salzgurke und 4 Scheiben Rote Bete aus dem Glas sehr fein würfeln. Zwiebel mit Gurken- und Rote-Bete-Würfeln, 2 EL Mayonnaise, je 1 EL Rote-Bete-Saft und Kapernflüssigkeit sowie 2 EL kleinen Kapern mischen. 1 Dose Tunfisch im eigenen Saft (185 g Inhalt) abtropfen lassen, grob hacken. Mit Sauce mischen und mit Salz, Pfeffer, Zucker und 1 TL gehacktem Dill würzen.

Lachstatar mit Avocado

Für etwa 400 g: 200 g Graved Lachs und 1 EL eingelegte Pfefferkörner mittelfein hacken. Mit 2 EL gehacktem Dill, je 1 EL Dijon-Senf und gehackten Frühlingszwiebeln sowie 1 TL Honig mischen, dann kühl stellen. Kurz vor dem Anrichten 1/2 weiche Avocado schälen, mit 1 TL Zitronensaft und frisch gemahlenem Pfeffer grob zerdrücken und mit dem Lachstatar mischen. Die restliche Avocadohälfte schälen, in schmale Spalten schneiden, mit Zitronensaft beträufeln, Tatar damit garnieren.

Forellencreme mit Meerrettich

Für etwa 450 g: 2 geräucherte Forellenfilets grob würfeln. Mit 100 g Doppelrahmfrischkäse und 2 EL saurer Sahne oder Joghurt sowie 2–3 EL geriebenem Meerrettich pürieren. 1 kleinen Apfel schälen, entkernen und sehr fein würfeln. Mit der Creme mischen, mit Salz, Pfeffer, Zucker, einigen Tropfen Worcestersauce, 1 EL gehackter Petersilie würzen.

Variante: Statt Forellenfilets Bücklingfilets grob würfeln. Diese wegen der Gräten durch ein feines Sieb streichen.

Aus hellem Mehl

Brote und Brötchen aus hellem Weizenmehl haben eine lockere Krume, enthalten zwar im Gegensatz zu Weizenvollkorngebäck weniger Nährstoffe, sind dafür aber bekömmlicher und leichter verdaulich. Wer behauptet, Weißbrot schmecke fade, der hat diese feinen Brote noch nicht probiert. Kernig schmeckt das Haselnussbrot mit Kefir, und wer am Sonntag morgen Appetit auf etwas Besonderes hat, sollte sich mit den lockeren Rosinenbrötchen verwöhnen.

Blitzrezepte

Kastenweißbrot

FÜR 1 KASTENFORM VON 25 CM LÄNGE

- **1 kg Weizenmehl (Type 405) | 1 Würfel Hefe (42 g) | 1 TL Zucker | 2 Msp. Safranpulver | ca. 1/2 l lauwarme Milch 2 TL Salz | Mehl zum Bearbeiten | Butter für die Form**

1 | Mehl in eine Schüssel sieben. Hefe, Zucker und Safran in der Milch auflösen. Hefemilch mit Mehl und Salz mischen, auf einer bemehlten Arbeitsfläche 10 Min. kneten.

2 | Die Form einfetten, den Teig einfüllen. Abgedeckt 45 Min. ruhen lassen, längs etwa 1 cm tief einschneiden. Backofen auf 190° vorheizen. Die Teigoberfläche mit lauwarmem Wasser bestreichen. Das Brot im Backofen bei 190° (unten, Umluft 170°) 60–70 Min. backen.

Kaiserbrötchen

FÜR 12 BRÖTCHEN

- **500 g Weizenmehl (Type 550) | 1/2 Würfel Hefe (20 g) | ca. 1/4 l lauwarme Milch 1 TL Honig | 1 Eiweiß | 1 TL Salz | 1 Eigelb | Mehl zum Bearbeiten**

1 | Mehl in eine Schüssel sieben. Hefe mit Milch und Honig verrühren. Mit Mehl, Eiweiß und Salz grob mischen. Auf einer bemehlten Arbeitsfläche 8 Min. kneten. Ein Backblech mit Backpapier auslegen.

2 | Teig in 12 Stücke teilen, daraus runde oder längliche Brötchen formen. Auf dem Blech abgedeckt 30 Min. ruhen lassen. Backofen auf 200° vorheizen. Teiglinge ein- oder mehrmals etwa 1/2 cm tief einschneiden. Eigelb mit etwas Wasser verrühren, Teiglinge damit bestreichen. Im Backofen (Mitte, Umluft 180°) 15–20 Min. backen.

gelingt leicht | preiswert

Weißbrot

FÜR 1 BROTFLADEN

- **1 geh. TL Backferment (3 g)**
  1 geh. TL Grundansatz (10 g)
  1 kg Weizenmehl (Type 550)
  2 1/2 TL Salz

Zubereitung: 25 Min.
Ruhen: 13 Std. 40 Min.
Backzeit: ca. 45 Min.
- Pro Fladen ca.: 3395 kcal

1 | Für den Vorteig Backferment und Grundansatz in etwas heißem Wasser auflösen. Knapp 300 ml heißes Wasser und 300 g Mehl einrühren. Den Ansatz in einer Plastiktüte 12–18 Std. bei 28° ruhen lassen.

2 | Den Vorteig mit dem übrigen Mehl, 450 ml lauwarmem Wasser und Salz in einer Schüssel mit dem Holzlöffel kräftig schlagen.

3 | Den Teig mit Schüssel in einer Plastiktüte an einem warmen Ort 50 Min. ruhen lassen. Backblech mit Backpapier auslegen. Den Teig nochmal durchrühren, aufs Backblech geben und mit einer Plastiktüte abdecken.

4 | Teigling 50 Min. ruhen lassen, Backofen auf 210° (Umluft 180°) vorheizen und im Backofen (Mitte) 40–45 Min. backen. Herausnehmen, sofort mit etwas Wasser bestreichen.

- Beilage: Dazu passt das Apfel-Mandel-Mus von Seite 10.

TIPP

Das Wasser für den Teig sollte etwa 40° warm sein.
Aus dem Teig können Sie zwei kleine Fladen formen und auf zwei Backblechen backen.
Oder den Teig in zwei eingefetteten Kastenformen backen.

macht was her
für Gäste

Rosenbrot

FÜR 1 RUNDE FORM VON 26–28 CM Ø

- **800 g Weizenmehl (Type 550)**
  1/2 Würfel Hefe (20 g)
  1 TL Zucker
  2 TL Salz
  6 EL weiche Butter
  Mehl zum Bearbeiten
  Butter für die Form
  1 Eigelb zum Bestreichen

Zubereitung: 30 Min.
Ruhen: 1 Std. 15 Min.
Backzeit: ca. 40 Min.
- Pro Brot ca.: 3405 kcal

1 | Mehl in eine Schüssel sieben. 1/8 l lauwarmes Wasser mit Hefe und Zucker verrühren, abgedeckt 15 Min. ruhen lassen.

2 | Hefe, Salz und 1/4 l lauwarmes Wasser mit Mehl grob mischen. Auf einer bemehlten Arbeitsfläche 8 Min. kneten. Teig in einer mit Mehl bestäubten Schüssel abgedeckt 30 Min. ruhen lassen.

3 | Form einfetten. Teig auf einem bemehlten Küchentuch etwa 1cm dick ausrollen, mit der Butter bestreichen.

4 | Teig aufrollen, in 10–12 Stücke schneiden, diese mit der Schnittfläche nach oben in die Form legen. Abgedeckt 30 Min. ruhen lassen.

5 | Backofen auf 190° vorheizen. Eigelb mit etwas Wasser verrühren, Oberfläche damit bestreichen. Im Ofen (Mitte, Umluft 170°) 35–40 Min. backen. Herauslösen, 30 Min. in ein Küchentuch wickeln.

im Bild links: **Weißbrot** *im Bild rechts:* **Rosenbrot**

herzhaft | würzig

Zwiebel-Speck-Brot

FÜR 1 LÄNGLICHES BROT

- **100 g Frühstücksspeck**
- **4 EL Röstzwiebeln (Fertigprodukt)**
- **400 g Weizenmehl (Type 1050)**
- **100 g Dinkelmehl (Type 630)**
- **1 Würfel Hefe (42 g)**
- **1 TL Zucker**
- **250 g lauwarmer Kefir**
- **1 TL Kräutersalz**
- **Mehl zum Bearbeiten**
- **Öl zum Bestreichen**
- **1 TL getrockneter Majoran zum Bestreuen**

Zubereitung: 30 Min.
Ruhezeit: 1 Std.
Backzeit: ca. 35 Min.
Pro Brot ca.: 2675 kcal

1 | Speck fein würfeln und knusprig braten. Auf Küchenpapier entfetten. Mit Röstzwiebeln mischen. Beide Mehlsorten in eine Schüssel sieben. Hefe in die Mitte bröckeln, mit Zucker bestreuen und mit wenig lauwarmem Wasser glatt rühren. Den Vorteig abgedeckt 15 Min. ruhen lassen.

2 | Kefir, Kräutersalz und Mehl grob mischen. Auf bemehlter Arbeitsfläche 8 Min. kneten. Zwiebel-Speck-Mischung kurz einarbeiten. Den Teig in einer bemehlten Schüssel abgedeckt 30 Min. ruhen lassen. Den Backofen auf 190° vorheizen, ein Backblech mit Backpapier auslegen.

3 | Teig kurz durchkneten, zu einem länglichen Brot formen und auf dem Backblech abgedeckt 15 Min. ruhen lassen. Mit Öl bestreichen, mit Majoran bestreuen. Das Brot im Backofen (Mitte, Umluft 170°) 30–35 Min. backen.

macht was her
für Gäste

Haselnussbrot mit Kefir

FÜR 1 RUNDES BROT

- **150 g Haselnusskerne**
- **500 g Weizenmehl (Type 550)**
- **150 g Weizenvollkornschrot**
- **400 g lauwarmer Kefir**
- **1 Würfel Hefe (42 g)**
- **1 TL Honig**
- **1 TL Salz**
- **2 EL Haselnussöl**
- **Mehl zum Bearbeiten**
- **1 Eiweiß zum Bestreichen**

Zubereitung: 25 Min.
Ruhen: 1 Std. 10 Min.
Backzeit: ca. 40 Min.
Pro Brot ca.: 3655 kcal

1 | Haselnüsse rösten. Beide Mehlsorten in eine Schüssel geben und mischen, zuvor 1 EL Schrot abnehmen. Hälfte des Kefirs mit Hefe und Honig verrühren, abgedeckt 10 Min. ruhen lassen.

2 | Mit übrigem Kefir, Salz, Öl und Mehl grob mischen. Auf einer bemehlten Arbeitsfläche 10 Min. kneten. Teig in einer bemehlten Schüssel abgedeckt 30 Min. ruhen lassen.

3 | Backofen auf 210° (Umluft 190°) vorheizen, ein Backblech mit Backpapier auslegen. Nüsse kurz unter den Teig kneten. Daraus ein rundes Brot formen, auf dem Backblech abgedeckt 30 Min. ruhen lassen.

4 | Teigling sternförmig etwa 1/2 cm tief einschneiden. Mit Eiweiß bestreichen und dem übrigen Schrot bestreuen. Im Backofen (Mitte) 10 Min. backen. Bei 190° (Umluft 170°) in 25–30 Min. fertig backen.

im Bild oben: **Zwiebel-Speck-Brot** *im Bild unten:* **Haselnussbrot mit Kefir**

nährstoffreich | braucht Zeit

Kräftiges Weizenvollkornbrot

FÜR 1 RUNDES BROT

- **375 g Weizenvollkornmehl**
- **375 g Weizenvollkornschrot**
- **1 Würfel Hefe (42 g)**
- **1 TL Zucker**
- **1 Beutel flüssiger Natursauerteig (150 g)**
- **2 EL Sonnenblumenöl**
- **2 TL Salz**
- **100 g Sonnenblumenkerne**
- **1 EL Kreuzkümmelsamen**
- **1 TL Anissamen**
- **Mehl zum Bearbeiten**

Zubereitung: 35 Min.
Ruhen: 3 Std.
Backzeit: ca. 55 Min.
Pro Brot ca.: 3640 kcal

1 | Beide Mehlsorten in einer Schüssel mischen. Ca. 400 ml lauwarmes Wasser, Hefe und Zucker verrühren, abgedeckt 15 Min. ruhen lassen. Den Beutel mit Sauerteig in lauwarmem Wasser 15 Min. ruhen lassen. Öl, Salz und Mehl mischen.

2 | Hefe und Sauerteig mit dem Mehl grob mischen. Auf einer bemehlten Arbeitsfläche 10 Min. kneten. Bei Bedarf etwas lauwarme Flüssigkeit oder Mehl dazugeben.

3 | Den Teig in einer mit Mehl bestäubten Schüssel abgedeckt 1 Std. ruhen lassen. Inzwischen Sonnenblumenkerne, Kreuzkümmel und Anis in einer kleinen Pfanne ohne Fett goldbraun rösten. Kerne und Gewürze mit dem Teig verkneten.

4 | Ein Backblech mit Backpapier auslegen. Einen Peddigrohrkorb mit Mehl ausstreuen und den Teig darin abgedeckt 1 Std. 45 Min. ruhen lassen. Den Backofen auf 230° (Umluft 210°) vorheizen. Den Teigling aufs Backblech stürzen. Im Backofen (unten) 10 Min. backen. Bei 210° (Umluft 190°) in 40–45 Min. fertig backen.

- Beilage: Dazu passt Matjes in Currysahne von Seite 11.

1 **Anwärmen**
Den Beutel mit dem Sauerteig 15 Min. in lauwarmem Wasser anwärmen, dann gut schütteln.

2 **Aromatisieren**
Sonnenblumenkerne und Gewürze rösten, bis es duftet. Das verstärkt das Aroma.

3 **Korbbrot**
Peddigrohrkorb mit Mehl bestäuben. Teig darin ruhen lassen.

leicht | bekömmlich

Buttermilchzopf

FÜR 1 ZOPF

- 750 g Weizenmehl (Type 405)
- 250 g lauwarme Buttermilch
- 30 g frische Hefe
- 1 TL Honig
- 3 EL Zucker
- 1 TL Salz
- 1/2 TL abgeriebene Orangenschale
- 150 g weiche Butter
- Mehl zum Bearbeiten
- 1 Eigelb zum Bestreichen
- 1 EL Hagelzucker zum Bestreuen

Zubereitung: 30 Min.
Ruhen: 1 Std.
Backzeit: ca. 40 Min.
Pro Zopf ca.: 4095 kcal

1 | Mehl in eine Schüssel sieben. Buttermilch, Hefe und Honig verrühren. Zucker, Salz und Orangenschale mit Mehl mischen. Butter in Flöckchen auf den Mehlrand setzen. Hefemilch mit Mehl grob mischen. Auf einer bemehlten Arbeitsfläche 8 Min. kneten.

2 | Den Teig in einer mit Mehl bestäubten Schüssel abgedeckt 30 Min. ruhen lassen. Ein Backblech mit Backpapier auslegen. Den Teig nochmal durchkneten, in drei Stücke teilen. Diese zu etwa 28 cm langen Rollen formen und zu einem Zopf flechten.

3 | Auf dem Backblech abgedeckt 30 Min. ruhen lassen. Backofen auf 200° vorheizen. Eigelb mit wenig Wasser verrühren. Den Teigling damit bestreichen und mit Hagelzucker bestreuen. Im Backofen (Mitte, Umluft 180°) 35–40 Min. backen.

für Festtage | für Gäste

Sonntagsbrot

FÜR 1 BROTKRANZ

- 500 g Weizenmehl (Type 550)
- 1/4 l lauwarme Milch
- 1/2 Würfel Hefe (20 g)
- 3 EL Zucker | 1 TL Salz
- 50 g weiche Butter
- 200 g Marzipanrohmasse
- Mehl zum Bearbeiten
- 1 Eigelb zum Bestreichen
- 2 EL Mandelblättchen zum Bestreuen

Zubereitung: 40 Min.
Ruhen: 1 Std.
Backzeit: ca. 40 Min.
Pro Kranz ca.: 3400 kcal

1 | Mehl in eine Schüssel sieben. Milch mit Hefe und 1 TL Zucker verrühren. 3 EL Zucker, Salz, Butter und Hefemilch mit dem Mehl grob mischen. Auf einer bemehlten Arbeitsfläche 8 Min. kneten.

2 | Den Teig in einer mit Mehl bestäubten Schüssel abgedeckt 30 Min. ruhen lassen. Ein Backblech mit Backpapier auslegen. Marzipanrohmasse und Teig getrennt zwischen Frischhaltefolie zu zwei Rechtecken (etwa 26 x 16 cm und 30 x 20 cm) ausrollen.

3 | Marzipanrohmasse auf das Teigrechteck legen, dieses längs aufrollen, zum Kranz formen und auf dem Blech abgedeckt 30 Min. ruhen lassen.

4 | Backofen auf 190° vorheizen. Eigelb mit etwas Wasser verrühren. Teigling damit bestreichen, mit Mandelblättchen bestreuen. Das Brot im Backofen (Mitte, Umluft 170°) 35–40 Min. backen.

➤ Beilage: Dazu passt der Amarena-Kirsch-Frischkäse von Seite 10.

im Bild oben: **Buttermilchzopf** *im Bild unten:* **Sonntagsbrot** ➤

schmeckt auch Kindern

Rosinenbrötchen

FÜR 12 BRÖTCHEN

- **1/2 Würfel Hefe (20 g)**
  Zucker
  6 EL lauwarme Milch
  1 EL Rum (ersatzweise Apfelsaft)
  500 g Weizenmehl (Type 405)
  1/2 TL Salz | 4 Eier
  100 g weiche Butter
  100 g Rosinen
  Mehl zum Bearbeiten
  1 Eigelb zum Bestreichen

Zubereitung: 35 Min.
Ruhen: 2 Std.
Backzeit: ca. 25 Min.
Pro Stück ca.: 275 kcal

1 | Hefe und 1 TL Zucker in der Milch auflösen. 75 g Zucker, 1 EL Wasser und Rum erwärmen. Mehl in eine Schüssel sieben, mit Salz, Hefe, Zuckerwasser, Eiern und Butter mischen. Auf bemehlter Arbeitsfläche 8 Min. kneten.

2 | Den Teig in einer mit Mehl bestäubten Schüssel abgedeckt 1 Std. ruhen lassen. Backblech mit Backpapier auslegen. Rosinen kurz unter den Teig kneten, diesen in 12 Stücke teilen und zu runden Brötchen formen. Auf dem Blech abgedeckt 1 Std. ruhen lassen.

3 | Backofen auf 200° vorheizen. Eigelb mit wenig Wasser verrühren, Brötchen damit bestreichen. Im Ofen (Mitte, Umluft 180°) 25 Min. backen.

Macht was her

Käse-Splitterbrötchen

FÜR 14 BRÖTCHEN

- **200 g kalte Butter**
  25 g Weizenmehl (Type 405)
  500 g Weizenmehl (Type 550)
  1 Würfel Hefe (42 g)
  1 TL Zucker | 1 TL Salz
  5 EL Olivenöl
  Mehl zum Bearbeiten
  1 Eigelb zum Bestreichen
  100 g geriebener Emmentaler

Zubereitung: 1 Std.
Ruhen: 2 Std.
Backzeit: ca. 40 Min.
Pro Stück ca.: 320 kcal

1 | Butter und Mehl verkneten, zwischen Folie etwa 8 x 10 cm groß ausrollen, kühl stellen. Mehl in eine Schüssel sieben. 230 ml lauwarmes Wasser, Hefe und Zucker verrühren.

2 | Hefe, Salz und Öl mit Mehl mischen. Auf bemehlter Arbeitsfläche 5 Min. kneten. In einer bemehlten Schüssel abgedeckt 1 Std. gehen lassen. Teig 18 x 24 cm groß ausrollen. Butter auf eine Hälfte legen, Teig zusammenlegen.

3 | Teig 15 Min. kühl stellen. Doppelt so groß ausrollen, von den Seiten zur Mitte einschlagen, so dass drei Lagen entstehen. 15 Min. kühlen. Vorgang wiederholen. Teig 56 x 30 cm groß ausrollen.

4 | Backblech mit Backpapier auslegen. Teig zu einer etwa 8 cm breiten Rolle formen, 14 Stücke abschneiden, senkrecht aufs Blech setzen. Abgedeckt 15 Min. ruhen lassen. Ofen auf 220° (Umluft 200°) vorheizen.

5 | Eigelb mit Wasser verrühren, Teiglinge bestreichen. Im Backofen (Mitte) 20 Min. backen. Mit übrigem Eigelb bestreichen, mit Käse bestreuen. Bei 200° (Umluft 180°) 15–20 Min. backen.

im Bild oben: **Rosinenbrötchen** *im Bild unten:* **Käse-Splitterbrötchen** ➤

Klassiker | fürs Büfett

Buntes Laugengebäck

FÜR 20 STÜCK

- **750 g Weizenmehl (Type 550)**
- **1 Würfel Hefe (42 g)**
- **1/2 TL Zucker**
- **2 TL Salz**
- **Mehl zum Bearbeiten**
- **50 g Hausnatron (10 Beutel)**
- **grobes Salz, Sesam- und Mohnsamen, Sonnenblumenkerne, geriebener Käse**

Zubereitung: 1 Std. 30 Min.
Ruhen: 1 Std. 30 Min.
Backzeit: ca. 25 Min.
Pro Stück ca.: 150 kcal

1 | Das Mehl in eine Schüssel sieben. Hefe und Zucker in 100 ml lauwarmem Wasser auflösen, abgedeckt an einem warmen Ort (Backofen oder nahe der Heizung) 15 Min. ruhen lassen.

2 | Die Hefe, 300 ml lauwarmes Wasser und Salz mit Mehl grob mischen. Den Teig auf einer bemehlten Arbeitsfläche 8 Min. kneten. Den Teig in einer mit Mehl bestäubten Schüssel abgedeckt 1 Std. ruhen lassen.

3 | Ein Backblech mit Backpapier auslegen. Den Teig in 20 Stücke teilen. Daraus nach Belieben Brötchen, Knoten, Hörnchen, Brezeln und Zöpfe formen. Teiglinge auf dem Blech abgedeckt 15 Min. ruhen lassen.

4 | 1,6 l lauwarmes Wasser zum Kochen bringen, dann von der Herdplatte ziehen. Natron langsam einrühren. (Vorsicht, es sprudelt!) Den Backofen auf 200° vorheizen.

5 | Die Teiglinge einzeln mit einer Teigkarte auf einen Schaumlöffel setzen und 10 Sek. in der heißen Lauge schwenken. Abtropfen lassen, aufs Backblech setzen und mit Salz, Sesam, Mohn, Sonnenblumenkernen und Käse bestreuen. Im Backofen (Mitte, Umluft 180°) in 20–25 Min. goldbraun backen.

- Beilagen: Frische Butter, Käse, warmer Leberkäs, Radieschen, kühles Bier.

1 **Formen**

Aus dem Teig Brötchen, Knoten, Brezeln, Hörnchen, Zöpfe formen, 15 Min. ruhen lassen.

2 **In Lauge ziehen**

Teiglinge nacheinander 10 Sek. in heißer Natronlauge ziehen lassen.

3 **Verzieren**

Die feuchten Teiglinge beliebig bestreuen und sofort backen.

macht was her

Kürbiskernhörnchen

FÜR 10 HÖRNCHEN

- 100 g Kürbiskerne
- 75 ml Kürbiskernöl
- 250 g Magerquark, abgetropft
- 1/8 l Milch
- 75 ml Sonnenblumenöl
- 1 TL Salz
- 500 g Weizenmehl (Type 550)
- 1 Päckchen Backpulver
- 1 kleines Ei

Zubereitung: 35 Min.
Backzeit: ca. 25 Min.
Pro Stück ca.: 325 kcal

1 | Hälfte der Kürbiskerne rösten, abkühlen lassen und hacken. Mit 1 TL Kürbiskernöl mischen. Quark, restliches Kürbiskernöl, Milch, Sonnenblumenöl und Salz verrühren.

2 | Mehl in eine Schüssel sieben, mit Backpulver mischen. Mit der Quarkmischung glatt verkneten.

3 | Backblech mit Backpapier auslegen. Backofen auf 200° vorheizen. Den Teig zwischen Frischhaltefolie etwa 40 x 8 cm groß ausrollen, gehackte Kürbiskerne in den Teig drücken.

4 | Teig erst in fünf Quadrate, dann in zehn Dreiecke schneiden, diese von der Längsseite aus zu Hörnchen rollen. Ei mit wenig Wasser verrühren, die Hörnchen damit bestreichen. Mit übrigen Kürbiskernen bestreuen. Im Backofen (Mitte, Umluft 180°) 20–25 Min. backen.

leicht | bekömmlich

Haferfladen

FÜR 10 FLADEN

- 250 g Dinkelmehl (Type 630)
- 160 g blütenzarte Haferflocken
- 40 g gehackte Mandeln
- 30 g frische Hefe
- 4 EL Zucker
- ca. 200 ml lauwarme Milch
- 1/2 TL Salz
- 80 g weiche Butter
- Mehl zum Bearbeiten
- 1 kleines Ei zum Bestreichen
- 3 EL kernige Haferflocken zum Bestreuen

Zubereitung: 35 Min.
Ruhen: 1 Std. 30 Min.
Backzeit: ca. 25 Min.
Pro Stück ca.: 265 kcal

1 | Mehl, Haferflocken und Mandeln mischen. Hefe und 1 TL Zucker in der Milch auflösen. Mit restlichem Zucker, Salz, Butter und Mehl mischen. Auf einer bemehlten Arbeitsfläche 5 Min. kneten.

2 | Den Teig in einer mit Mehl bestäubten Schüssel abgedeckt 1 Std. ruhen lassen. Teig noch einmal kneten. Ein Backblech mit Backpapier auslegen. Aus dem Teig 10 gleich große flache Fladen formen. Auf dem Backblech abgedeckt 30 Min. ruhen lassen.

3 | Den Backofen auf 200° vorheizen. Ei mit wenig Wasser verrühren, die Fladen damit bestreichen und nach Belieben mit Haferflocken bestreuen. Im Backofen (Mitte, Umluft 180°) 20–25 Min. backen.

Beilage: Zu den lauwarmen Fladen passen frische Butter und Honig.

im Bild oben: **Haferfladen** *im Bild unten:* **Kürbiskernhörnchen**

Aus dunklem Mehl

Roggenmehl ist dunkler als Weizenmehl und kräftiger im Geschmack. Am beliebtesten sind Mischbrote aus Roggen- und Weizenmehl. Reine Roggenbrote und -brötchen mit Sauerteig schmecken zwar besonders würzig, sind aber nie so locker wie Gebäck aus Weizenmehl. Wer etwas Ausgefallenes backen möchte, sollte das Vierkornbrot oder die Bierbrötchen im Blumentopf ausprobieren, die mit dunklem Bier und Schmalz gebacken werden.

Blitzrezepte

Roggenmischbrot

FÜR 1 RUNDES BROT

➤ **500 g Roggenmehl (Type 815) | 400 g Weizenmehl (Type 812) | 15 g Trockensauerteig | 1 Beutel Trockenhefe | 2 TL Salz | 1 TL Zucker | Mehl zum Bearbeiten**

1 | Alle Zutaten mischen. Nach und nach ca. 650 ml lauwarmes Wasser dazugeben. Auf einer bemehlten Arbeitsfläche 10 Min. kneten. Teig in einer bemehlten Schüssel 1 Std. abgedeckt ruhen lassen.

2 | Backblech mit Backpapier auslegen, Teig kneten, zu einem runden Brot formen. Auf dem Blech abgedeckt 1 Std. ruhen lassen. Backofen auf 220° (Umluft 200°) vorheizen. Teigling mit Wasser bestreichen, mehrmals einschneiden. Im Backofen (unten) 10 Min. backen, bei 200° (Umluft 180°) in 40–50 Min. fertig backen.

Sauerteigbrötchen

FÜR 12 BRÖTCHEN

➤ **500 g Roggenmehl (Type 815) | 15 g Trockensauerteig | 1 Beutel Trockenhefe 1 TL Salz | 1/2 TL Zucker | Mehl zum Bearbeiten**

1 | Alle Zutaten mischen. Nach und nach ca. 350 ml lauwarmes Wasser hinzufügen. Auf einer bemehlten Arbeitsfläche 5 Min. kneten. In einer bemehlten Schüssel abgedeckt 30 Min. ruhen lassen.

2 | Backblech mit Backpapier auslegen, Backofen auf 200° vorheizen. Teig kneten, in 12 Stücke teilen, diese zu Brötchen formen. Teiglinge 30 Min. ruhen lassen, mit Wasser bestreichen, einschneiden. Im Backofen (Mitte, Umluft 180°) 20–25 Min. backen.

leicht | bekömmlich

Buchweizenbrot

FÜR 1 RUNDES BROT

- 1 Beutel flüssiger Natursauerteig (150 g)
- 350 g Roggenbackschrot (Type 1800)
- 50 g Roggenvollkornschrot
- 200 g Weizenmehl (Type 1050)
- 150 g Buchweizenmehl
- 1 Beutel Trockenhefe
- 1 TL Zucker
- 2 TL Salz
- 2 EL Sonnenblumenöl
- Mehl zum Bearbeiten
- 1 Eiweiß zum Bestreichen
- 1 EL Roggenvollkornschrot

Zubereitung: 30 Min.
Ruhen: 2 Std. 15 Min.
Backzeit: ca. 50 Min.
Pro Brot ca.: 3235 kcal

1 | Den Beutel mit Sauerteig 15 Min. in lauwarmes Wasser legen. Schrot und Mehl in einer Schüssel mit Trockenhefe mischen. 175 ml lauwarmes Wasser und Sauerteig hinzufügen. Zucker, Salz, Öl und nur so viel Wasser (etwa 175 ml) dazugeben wie der Teig aufnehmen kann.

2 | Auf einer bemehlten Arbeitsfläche 10 Min. kneten. In einer mit Mehl bestäubten Schüssel abgedeckt 1 Std. ruhen lassen. Backblech mit Backpapier auslegen. Teig nochmal kneten, zu einem runden Brot formen.

3 | Auf dem Backblech abgedeckt 1 Std. ruhen lassen. Backofen auf 240° (Umluft 220°) vorheizen. Teigling mit Eiweiß bestreichen, mit Schrot bestreuen, sternförmig etwa 1/2 cm tief einschneiden. Im Backofen (unten) 10 Min. backen, bei 220° (Umluft 200°) in 35–40 Min. fertig backen.

Beilage: Dazu passt die Forellencreme von Seite 11.

für Gäste | für Gourmets

Müslibrot

FÜR 1 LÄNGLICHES BROT

- 500 g Roggenmehl (Type 815)
- 200 g Müsli (z. B. Müsli mit getrockneten Preiselbeeren)
- 2 Päckchen Trockenhefe
- 2 EL flüssige Butter
- 1 TL Honig
- 1 TL Salz
- 375 ml lauwarme Milch
- Mehl zum Bearbeiten
- 1 Eigelb zum Bestreichen
- 2 EL kernige Haferflocken zum Bestreuen

Zubereitung: 25 Min.
Ruhen: 2 Std.
Backzeit: ca. 55 Min.
Pro Brot ca.: 3115 kcal

1 | Mehl in eine Schüssel sieben. Mit Müsli, Hefe, Butter, Honig und Salz mischen. Nach und nach Milch hinzufügen. Auf einer bemehlten Arbeitsfläche 5 Min. kneten.

2 | Den Teig in einer mit Mehl bestäubten Schüssel abgedeckt 1 Std. ruhen lassen. Backblech mit Backpapier auslegen. Teig kneten, zu einem länglichen Brot formen. Auf dem Backblech abgedeckt 1 Std. ruhen lassen.

3 | Backofen auf 200° vorheizen. Eigelb mit wenig Wasser verrühren, Teigling damit bestreichen, mit Haferflocken bestreuen. Das Brot im Backofen (Mitte, Umluft 180°) 45–55 Min. backen.

im Bild oben: **Buchweizenbrot** *im Bild unten:* **Müslibrot**

bekömmlich | braucht Zeit

Würziges Bauernbrot

FÜR 1 RUNDES BROT

- 1 leicht geh. TL Backferment (3 g)
  1 geh. TL Grundansatz (10 g)
  300 g Weizenbackschrot (Type 1700)
- Für den Hauptteig:
  700 g Roggenmehl (Type 1150) | 2 TL Salz
  2 EL Malz-Extrakt
  2 EL Sonnenblumenöl
  150 g weiches Backobst
  Backschrot zum Bearbeiten
  1 TL Kräuter der Provence
  1 EL Fenchelsamen
  100 g Haselnusskerne

Zubereitung: 35 Min.
Ruhen: 13 Std. 40 Min.
Backzeit: ca. 1 Std.
- Pro Brot ca.: 4455 kcal

1 | Backferment und Grundansatz in 300 ml 40° warmem Wasser auflösen, den Weizenbackschrot einrühren. In einer Plastiktüte 12–18 Std. bei 28° ruhen lassen.

2 | Vorteig mit Roggenmehl, 450 ml 40° heißem Wasser, Salz, Malz-Extrakt und Öl mischen. Mit Backschrot auf einer Arbeitsfläche 5 Min. kneten. In einer mit Backschrot bestäubten Schüssel in eine Plastiktüte geben und 40–50 Min. an einem warmen Ort ruhen lassen.

3 | Backblech mit Backpapier auslegen. Backobst klein schneiden. Teig mit Kräutern, Fenchel, Nüssen und Backobst durchkneten. Auf dem Blech rund formen, mit einer Plastiktüte abgedeckt 40–50 Min. ruhen lassen.

4 | Backofen auf 210° (Umluft 190°) vorheizen. Teigling im Ofen (unten) 55–60 Min. backen. Brot sofort mit etwas kaltem Wasser bestreichen.

TIPP

Malz-Extrakt gilt als kräftigende Ergänzung zur täglichen Ernährung. Es schmeckt auf hellem und dunklem Brot, süßt Getränke und Speisen und wird wie Zuckerrübensirup zum Dunkelfärben von Brotteigen verwendet.

1 **Vorteig ansetzen**

Backferment mit Grundansatz, Wasser und Schrot anrühren, in einer Plastiktüte ruhen lassen.

2 **Teig kneten**

Vorteig mit übrigen Zutaten und etwas Backschrot auf einer Arbeitsfläche 5 Min. kneten.

3 **Krustenbildung**

Brot sofort nach dem Backen mit etwas kaltem Wasser bestreichen.

schmeckt auch Kindern

Möhrenbrot mit Walnüssen

FÜR 1 KASTENFORM VON 25 CM LÄNGE

- **200 g geputzte Möhren**
- **100 g flüssige Butter**
- **100 g brauner Zucker**
- **2 Eier**
- **1/2 TL Salz**
- **1 TL Zimtpulver**
- **1/2 TL gemahlene Muskatblüte (Macis)**
- **100 g Walnusskerne**
- **100 g Roggenmehl (Type 815)**
- **80 g Weizenmehl (Type 550)**
- **1 TL Backpulver**
- **Butter für die Form**
- **1 Eigelb zum Bestreichen**

Zubereitung: 30 Min.
Backzeit: ca. 55 Min.
Pro Brot ca.: 2840 kcal

1 | Die Möhren fein raspeln und ausdrücken. Die abgekühlte, noch flüssige Butter mit Zucker schaumig rühren. Nach und nach die Eier einrühren. Möhren, Salz, Zimt und Muskat dazugeben und alles gut mischen. Walnusskerne grob hacken.

2 | Backofen auf 190° vorheizen. Beide Mehlsorten mit Backpulver mischen, über die Möhrenzubereitung sieben und unterrühren. Walnusskerne unter den Teig heben.

3 | Die Form einfetten. Teig einfüllen und glatt streichen. Eigelb mit wenig Wasser verrühren, die Oberfläche mehrmals damit bestreichen. Im Backofen (Mitte, Umluft 170°) 45–55 Min. backen.

macht was her für Gäste

Feigenbrot mit Mandeln

FÜR 1 RUNDES BROT

- **250 g Roggenmehl (Type 997)**
- **250 g Weizenmehl (Type 550)**
- **1 Würfel Hefe (42 g)**
- **1 TL Zucker**
- **1 TL Salz**
- **1 Msp. gemahlene Nelken**
- **2 EL Walnussöl (ersatzweise Sonnenblumenöl)**
- **250 g weiche getrocknete Feigen**
- **100 g geschälte Mandeln**
- **Mehl zum Bearbeiten**
- **1 Eiweiß zum Bestreichen**

Zubereitung: 25 Min.
Ruhen: 2 Std.
Backzeit: ca. 45 Min.
Pro Brot ca.: 3075 kcal

1 | Beide Mehle durchsieben. In die Mitte eine Mulde drücken, Hefe hineinbröckeln. Mit Zucker, 2 EL lauwarmem Wasser glatt rühren, abgedeckt 15 Min. ruhen lassen.

2 | 260 ml lauwarmes Wasser, Salz, Nelken, Öl zufügen und grob mischen. Auf einer bemehlten Arbeitsfläche 8 Min. kneten. Von den Feigen den harten Stiel wegschneiden. Früchte halbieren, warm abbrausen, abtropfen lassen, mit etwas Mehl bestäuben.

3 | Feigen und Mandeln unter den Teig kneten. Backblech mit Backpapier auslegen. Teig zu einem runden Brot formen, befeuchten und auf dem Backblech abgedeckt 1 Std. 45 Min. ruhen lassen.

4 | Backofen auf 200° vorheizen. Teigling kreuzweise einritzen und mit Eiweiß bestreichen. Im Backofen (Mitte, Umluft 180°) 40–45 Min. backen.

im Bild oben: **Feigenbrot mit Mandeln** *im Bild unten:* **Möhrenbrot mit Walnüssen**

nährstoffreich | braucht Zeit

Vierkorn-Schrot-Brot

FÜR 1 OVALES BROT

- 1 leicht geh. TL Backferment (3 g)
- 1 geh. TL Grundansatz (10 g)
- 300 g Weizenbackschrot (Type 1700)
- 400 g Roggenvollkornschrot
- je 100 g Roggenmehl (Type 815), Grünkern- und Leinsamenschrot
- 2 TL Salz
- 2 EL Sonnenblumenöl
- 1 EL Schabzigerklee
- 1 EL Kräuter der Provence
- Backschrot zum Bearbeiten

Zubereitung: 45 Min.
Ruhen: 13 Std. 40 Min.
Backzeit: ca. 1 Std.
Pro Brot ca.: 3875 kcal

1 | Backferment und Grundansatz mit 300 ml 40° warmem Wasser glatt rühren, den Weizenbackschrot untermischen. Den Teig in einer Schüssel in einer Plastiktüte 12–18 Std. bei ca. 28° ruhen lassen.

2 | Den Vorteig mit Roggenvollkornschrot und -mehl, Grünkern- und Leinsamenschrot, 1/2 l lauwarmem Wasser, Salz, Öl und Gewürzen mischen. Mit etwas Backschrot auf einer Arbeitsfläche ca. 5 Min. durchkneten. Den Teig in einer mit Backschrot bestäubten Schüssel in eine Plastiktüte geben und ca. 40–50 Min. ruhen lassen.

3 | Das Backblech mit Backpapier auslegen. Den Teig oval formen. Auf dem Blech in eine Plastiktüte geben, 40–50 Min. ruhen lassen.

4 | Backofen auf 210° (Umluft 190°) vorheizen. Teigling im Backofen (unten) 55–60 Min. backen. Mit etwas kaltem Wasser bestreichen.

TIPP

Schabzigerklee ist ein Gewürz aus dem Reformhaus oder Bioladen. Ersatzweise können Sie auch Anis, Fenchel, getrocknete Kräuter oder Kümmel verwenden.

1 **Vorteig gehen lassen**

Vorteig in der Schüssel in eine Plastiktüte geben und gehen lassen.

2 **Teig zubereiten**

Vorteig mit übrigen Zutaten mischen und kneten.

3 **Teigling ruhen lassen**

Teig auf dem Backblech zu einem Laib formen, in einer Plastiktüte ruhen lassen.

schmeckt auch Kindern

Hafer-Apfel-Brot

FÜR 1 KASTENFORM VON 25 CM LÄNGE

- **175 g Roggenmehl (Type 1150)**
- **200 g Weizenmehl (Type 550)**
- **75 g blütenzarte Haferflocken**
- **2 TL Trockensauerteig**
- **1 TL Salz**
- **2 Päckchen Trockenhefe**
- **240 ml lauwarme Milch**
- **2 EL Erdnussöl**
- **2 EL Malz-Extrakt (Reformhaus)**
- **1 fester Apfel**
- **100 g gehackte Erdnüsse**
- **100 g geriebener Emmentaler**
- **Mehl zum Bearbeiten**
- **Butter für Form**
- **Milch zum Bestreichen**

Zubereitung: 30 Min.
Ruhen: 2 Std.
Backzeit: ca. 45 Min.
Pro Brot ca.: 3200 kcal

1 | Beide Mehlsorten in eine Schüssel sieben. Mit Haferflocken, Sauerteig, Salz, Hefe, Milch, Öl und Malz-Extrakt mischen. Auf einer bemehlten Arbeitsfläche 8 Min. kneten. In einer bemehlten Schüssel abgedeckt 1 Std. ruhen lassen.

2 | Apfel schälen, grob raspeln. 1 EL Erdnüsse beiseite legen. Teig mit Apfelraspeln, Erdnüssen und Käse verkneten. Form einfetten. Teig darin abgedeckt 1 Std. ruhen lassen.

3 | Backofen auf 200° vorheizen. Teigoberfläche mit Milch bestreichen, mit übrigen Erdnüssen bestreuen. Im Backofen (Mitte, Umluft 180°) 40–45 Min. backen.

macht was her

Vierkornbrot

FÜR 1 BROTKRANZ

- **100 g Kürbiskerne**
- **200 g Roggenbackschrot (Type 1800)**
- **200 g Weizenmehl (Type 550)**
- **100 g Vierkornflocken**
- **2 TL Trockensauerteig**
- **1 TL Salz**
- **1 Würfel Hefe (42 g)**
- **1 TL Zucker**
- **4 EL Kürbiskernöl**

Zubereitung: 30 Min.
Ruhen: 3 Std.
Backzeit: ca. 45 Min.
Pro Kranz ca.: 2555 kcal

1 | Kürbiskerne bis auf 2 EL rösten. Roggenbackschrot, Weizenmehl, Vierkornflocken, Sauerteig und Salz mischen. Hefe darüber bröckeln.

2 | Zucker, 300 ml lauwarmes Wasser, 2 EL Öl und geröstete Kürbiskerne dazugeben. Mit einem Holzlöffel gut durcharbeiten. Teig abgedeckt 1 Std. ruhen lassen.

3 | Backblech mit Backpapier auslegen. Den Teig noch einmal durchrühren, aufs Backblech stürzen und mit feuchten Händen zu einem runden Brot formen. Mit der Faust in der Mitte ein Loch eindrücken. In einer Plastiktüte 2 Std. ruhen lassen.

4 | Backofen auf 200° vorheizen. Den Teigling mit Wasser befeuchten und mit den restlichen Kürbiskernen belegen. Im Backofen (Umluft 180°, Mitte) 40–45 Min. backen. Sofort mit übrigem Öl beträufeln.

- Beilagen: Verschiedene Sorten Ziegenkäse, luftgetrockneter Schinken.

im Bild oben: **Vierkornbrot** *im Bild unten:* **Hafer-Apfel-Brot**

fürs Büfett | macht was her

Partybrötchen vom Blech

FÜR 24 BRÖTCHEN

- **1 Beutel flüssiger Natursauerteig (150 g)**
- **100 g Schinkenspeck**
- **100 g schwarze Oliven mit Stein**
- **1 TL Thymianblättchen**
- **350 g Roggenmehl (Type 815)**
- **350 g Weizenbackschrot (Type 1700)**
- **100 g Grünkernschrot**
- **2 Päckchen Trockenhefe**
- **1 TL Zucker | 3 TL Salz**
- **3 EL weiches Schweineschmalz**
- **Mehl zum Bearbeiten**
- **4 EL Röstzwiebeln (Fertigprodukt)**
- **1 Ei zum Bestreichen**
- **Kürbiskerne, Kümmel, Mohn, Kräuter der Provence, grobes Salz zum Bestreuen**

Zubereitung: 50 Min.
Ruhen: 2 Std.
Backzeit: ca. 30 Min.
Pro Stück ca.: 175 kcal

1 | Sauerteig 15 Min. in warmes Wasser legen. Den Speck würfeln. Oliven entsteinen, grob hacken, mit Thymian mischen. Mehl, beide Schrotsorten mit Hefe, Zucker, Salz, 400 ml Wasser mischen. Schmalz und Sauerteig untermischen. Auf einer bemehlten Arbeitsfläche 10 Min. kneten.

2 | Teig abgedeckt 45 Min. ruhen lassen. Nochmal kneten. 325 g Teig zwischen Folie ausrollen, mit Oliven und Thymian bestreuen, aufrollen und in 4 Stücke schneiden.

3 | Je 325 g Teig mit Zwiebeln und Speck verkneten und jeweils 4 Brötchen formen. Backblech mit Backpapier auslegen. Restlichen Teig zu 12 Brötchen formen. Mit Olivenbrötchen (Schnittfläche nach oben) aufs Blech setzen. Abgedeckt 1 Std. 15 Min. ruhen lassen.

4 | Backofen auf 200° vorheizen. Ei mit wenig Wasser verrühren, Teiglinge damit bestreichen. Zwiebelbrötchen mit Kümmel, Speckbrötchen mit Kürbiskernen, Olivenbrötchen mit Kräutern, die restlichen nach Belieben bestreuen. Im Backofen (Mitte, Umluft 180°) 25–30 Min. backen.

1 Vorbereitungen

Zwiebeln, Speck, Oliven-Thymian-Mischung in Schälchen bereit stellen.

2 Brötchenteig füllen

Teig ausrollen, mit Oliven-Thymian-Mischung belegen, aufrollen.

3 Brötchen garnieren

Brötchen mit Ei bestreichen, mit Kernen, Kräutern, Salz bestreuen.

für Gäste | fürs Büfett

Bierbrötchen im Blumentopf

FÜR 6 KLEINE BLUMENTÖPFE VON 8 CM HÖHE

- **150 g Roggenmehl (Type 815)**
- **500 g Weizenmehl (Type 1050)**
- **1 Würfel Hefe (42 g)**
- **1 TL Zucker**
- **2 TL Salz**
- **1 EL Röstzwiebeln (Fertigprodukt)**
- **2 EL Gänse- oder Schweineschmalz**
- **270 ml lauwarmes dunkles Bier**
- **Mehl zum Bearbeiten**
- **Bier zum Bestreichen**

Zubereitung: 35 Min.
Ruhen: 1 Std. 15 Min.
Backzeit: ca. 30 Min.
Pro Stück ca.: 440 kcal

1 | Beide Mehlsorten in eine Schüssel sieben. Hefe hineinbröckeln, mit Zucker bestreuen. Hefe mit 4 EL lauwarmem Wasser glatt rühren und abgedeckt 15 Min. ruhen lassen.

2 | Salz, Röstzwiebeln, Schmalz und Bier untermischen. Auf einer bemehlten Arbeitsfläche 8 Min. kneten. In einer mit Mehl bestäubten Schüssel abgedeckt 30 Min. ruhen lassen.

3 | Die sauberen Blumentöpfe mit Backpapier etwa 5 cm über dem Rand auslegen. Den Teig nochmal kurz kneten, bis zur Hälfte in die Töpfe füllen. Abgedeckt 30 Min. gehen lassen. Backofen auf 200° vorheizen.

4 | Teig mit Bier bestreichen und im Backofen (Mitte, Umluft 180°) 30 Min. backen.

➤ Beilagen: Schmalz, Wurst, Käse, gekühltes Bier.

schnell | würzig

Quarkbrötchen mit Kümmel

FÜR 12 BRÖTCHEN

- **250 g Roggenmehl (Type 997)**
- **250 g Weizenmehl (Type 550)**
- **1/2 Päckchen Backpulver**
- **1 TL Kräutersalz**
- **2 EL Schweineschmalz (ersatzweise Butter)**
- **4 Eigelbe**
- **250 g Magerquark, abgetropft**
- **1 kleines Ei zum Bestreichen**
- **3 TL Kümmel zum Bestreuen**

Zubereitung: 25 Min.
Backzeit: ca. 25 Min.
Pro Stück ca.: 210 kcal

1 | Beide Mehlsorten in eine Schüssel sieben, mit Backpulver mischen. Kräutersalz, Schmalz, Eigelbe und Quark dazugeben, alles verkneten.

2 | Backofen auf 200° vorheizen, Backblech mit Backpapier auslegen. Den Teig in 12 gleich große Stücke schneiden, diese zu länglichen Brötchen formen und aufs Backblech setzen.

3 | Ei mit wenig Wasser verrühren, Brötchen damit bestreichen. Teiglinge einmal längs etwa 1/2 cm tief einschneiden und mit Kümmel bestreuen.

4 | Im Backofen (Mitte, Umluft 180°) 20–25 Min. backen. Ein feuchtes Tuch 1 Min. über die heißen Brötchen legen, damit die Kruste besonders knusprig wird.

➤ Beilage: Dazu passt der Ziegenfrischkäse mit Spinat von Seite 10.

im Bild oben: **Bierbrötchen im Blumentopf** *im Bild unten:* **Quarkbrötchen mit Kümmel** ➤

Internationale Spezialitäten

Brot wird überall auf der Erde gegessen, bei uns vorwiegend als Unterlage für Wurst und Käse. Anderswo ist es als Beilage sehr beliebt. So sind das knusprige Baguette aus Frankreich und das feinwürzige Ciabatta aus Italien als ideale Begleiter zu den Mahlzeiten kaum wegzudenken. Wien wird in aller Welt wegen seiner buttrigen Brote gerühmt, die solo am besten schmecken. Weniger bekannt, dafür aber interessant im Geschmack sind die Anisfladen aus Südtürol oder Chapati, die in Indien zu Gemüse und Fleisch gegessen werden.

Blitzrezepte

Ciabatta

FÜR 2 BROTE

➤ **500 g Weizenmehl (Type 550) | 100 g Weizenbackschrot (Type 1700) | 1 Würfel Hefe (42 g) | 3 EL Olivenöl | 1 1/2 TL Salz 1 TL Oregano | Mehl zum Bearbeiten**

1 | Mehl in eine Schüssel sieben, 1 EL Schrot beiseite legen, restlichen mit Mehl mischen. 300 ml lauwarmes Wasser mit Hefe verrühren, zum Mehl geben. Mit 2 EL Öl, Salz, 1/2 TL Oregano 5 Min. kneten.

2 | Aus dem Teig zwei Kugeln formen, in einer Plastiktüte auf dem Backblech 4 Std. ruhen lassen. Teiglinge längs auseinanderziehen, 30 Min. ruhen lassen. Backofen auf 230° (Umluft 210°) vorheizen. Mit 1 EL Öl bestreichen, mit dem übrigen Schrot bestreuen. Im Ofen (Mitte) 10 Min. backen. Bei 200° (Umluft 180°) 15–20 Min. backen.

Südtiroler Anisfladen

FÜR 6 FLADEN

➤ **350 g Weizenmehl (Type 550) | 150 g Weizenbackschrot (Type 1700) | 1 Würfel Hefe (42 g) | 1 TL Salz | 3 EL Anissamen Mehl zum Bearbeiten | 1 Ei**

1 | Mehl und Schrot mischen. 275 ml lauwarmes Wasser mit Hefe verrühren, mit Mehl, Salz und 1 EL Anis mischen und 8 Min. kneten. In einer bemehlten Schüssel über Nacht in einer Plastiktüte im Kühlschrank ruhen lassen.

2 | 2 Backbleche mit Backpapier auslegen. Teig kurz kneten, zu 6 Fladen formen. Auf den Blechen abgedeckt 1 Std. ruhen lassen. Backofen auf 200° vorheizen. Ei mit wenig Wasser verrühren. Fladen damit bestreichen, mit Anis bestreuen. Im Backofen (Mitte, Umluft 180°) 15–20 Min. backen.

Spezialität aus Frankreich

Baguettes

FÜR 2 BROTSTANGEN

- **500 g Weizenmehl (Type 550)**
- **30 g frische Hefe**
- **1 EL Salz**
- **1/2 TL Zucker**
- **Mehl zum Bearbeiten**

Zubereitung: 20 Min.
Ruhen: 5 Std. 15 Min.
Backzeit: ca. 30 Min.
Pro Stange ca.: 880 kcal

1 | Mehl in eine Schüssel sieben. 1/4 l lauwarmes Wasser mit Hefe verrühren, mit Salz und Zucker unter das Mehl mischen. Auf einer bemehlten Arbeitsfläche 5 Min. kneten. In einer mit Mehl bestäubten Schüssel in einer Plastiktüte 5 Std. ruhen lassen.

2 | Backblech mit Backpapier auslegen. Den Teig nochmal kurz kneten, zwei Rollen in Backblechgröße formen. Auf dem Blech abgedeckt 15 Min. ruhen lassen. Backofen auf 250° (Umluft 220°) vorheizen. Teiglinge mit lauwarmem Wasser bestreichen, schräg mehrmals etwa 1/2 cm tief einschneiden.

3 | Im Backofen (Mitte) 10 Min. backen. Bei 200° (Umluft 180°) in 15–20 Min. fertig backen. Sofort mit kaltem Wasser bestreichen.

- Beilagen: Dazu passen eine Platte mit französischem Käse und kräftiger Rot- oder Weißwein.
- Variante: Baguettes mehrmals schräg einschneiden. Zum Bestreichen 150 g Feta würfeln, 2–3 Knoblauchzehen hacken, mit Rosmarin, Pfeffer und 3–4 EL Olivenöl verrühren. Im vorgeheizten Backofen (Mitte) bei 200° 10–15 Min. backen.

Spezialität aus Österreich

Wiener Zopf

FÜR 1 ZOPF

- **750 g Weizenmehl (Type 450)**
- **1 EL Zucker**
- **1 TL Salz**
- **1/4 l lauwarme Milch**
- **1 Würfel Hefe (42 g)**
- **100 g weiche Butter**
- **3 Eier**
- **Mehl zum Bearbeiten**
- **100 g Mandelstifte**
- **abgeriebene Schale von 1 unbehandelten Zitrone**

Zubereitung: 35 Min.
Ruhen: 1 Std. 30 Min.
Backzeit: ca. 50 Min.
Pro Zopf ca.: 4375 kcal

1 | Mehl in eine Schüssel sieben, mit Zucker und Salz mischen. Milch mit Hefe verrühren. Mit Butter und 2 Eiern unter das Mehl mischen. Auf einer bemehlten Arbeitsfläche 5 Min. kneten.

2 | Den Teig in einer mit Mehl bestäubten Schüssel abgedeckt 1 Std. ruhen lassen. Den Teig in ein kleineres und größeres Stück teilen. 1 EL Mandeln beiseite legen. Kleineres Teigstück mit Zitronenschale verkneten, größeres mit Mandeln.

3 | Aus beiden Stücken jeweils einen Zopf flechten. Backblech mit Papier auslegen. Größeren Zopf aufs Blech setzen. Das übrige Ei mit etwas Wasser verrühren, den Zopf damit bestreichen. Den kleineren Zopf darauf setzen, mit Ei bestreichen und mit übrigen Mandeln bestreuen.

4 | Abgedeckt 30 Min. ruhen lassen. Backofen auf 200° vorheizen. Im Ofen (Mitte, Umluft 180°) 40–50 Min. backen.

im Bild oben: **Baguettes** *im Bild unten:* **Wiener Zopf**

Spezialität aus Indien

Chapati

FÜR 15 BROTE

- **100 g Butter (ersatzweise 8 EL flüssiges Butterschmalz)**
  300 g Grahammehl
  1/2 TL Salz
  Mehl zum Bearbeiten

Zubereitung: 1 Std.
Ruhen: 1 Std.
- Pro Stück ca.: 90 kcal

1 | Butter in einem kleinen Topf leicht bräunen und vorsichtig ohne Molke in ein sauberes Gefäß gießen. Mehl, Salz und 2 EL gebräunte Butter mischen. Nur so viel heißes Wasser (etwa 1/4 l) hinzufügen wie das Mehl aufnimmt.

2 | Teig auf einer bemehlten Arbeitsfläche 10 Min. kneten, bis er nicht mehr klebt. Unter einem feuchten Tuch 1 Std. ruhen lassen. Den Teig in 15 gleich große Stücke teilen. Nach und nach jedes Stück auf einer bemehlten Arbeitsfläche zu einem etwa 12 cm großen Fladen ausrollen.

3 | Jeden Fladen dünn mit Butter bestreichen. Eine beschichtete Pfanne oder Eisenpfanne erhitzen. Die Fladen darin ohne Fett nacheinander auf jeder Seite etwa 1 Min. braten, bis sie etwas Farbe angenommen haben. Jeden Fladen nach Belieben mit wenig Butter bestreichen und warm servieren.

- Beilagen: scharfes Linsencurry, gewürzt mit Ingwer, Kreuzkümmel, Zimtpulver, Koriander und Chili, dazu kühles Sahnejoghurt.

Indianische Spezialität

Maisbrot

FÜR 1 KASTENFORM VON 25 CM LÄNGE

- **500 g Möhren**
  300 ml Milch
  150 g Weizenmehl (Type 550)
  150 g feines Maismehl
  1 1/2 TL Weinsteinbackpulver
  2 Eier
  2 EL flüssige Butter
  4 EL flüssiger Honig
  1/2 TL Zimtpulver
  50 g Rosinen
  20 g Pinienkerne
  20 g ungesalzene Pistazien
  Butter für die Form

Zubereitung: 30 Min.
Ruhen: 2 Std.
Backzeit: ca. 1 Std. 10 Min.
- Pro Brot ca.: 2250 kcal

1 | Möhren putzen, schälen und fein raspeln. Milch zum Kochen bringen, Möhren darin unter Rühren 5 Min. garen, dann 2 Std. kühl stellen.

2 | Mehl, Maismehl und Backpulver mischen. Eier verquirlen, mit Butter, Honig und Zimt verrühren. Möhren, Rosinen, Pinienkerne und Pistazien hinzufügen.

3 | Den Backofen auf 190° vorheizen. Die Form einfetten, den Teig einfüllen und die Oberfläche glatt streichen. Im Backofen (Mitte, Umluft 170°) in 60–70 Min. backen.

- Beilagen: gesalzene Butter, Honig oder Frischkäse.

TIPP
Maismehl gibt's in gut sortierten Supermärkten, im Reformhaus und Bioladen. Maisgrieß (Polenta) ist ungeeignet.

im Bild oben: **Maisbrot** *im Bild unten:* **Chapati**

Spezialität aus der Schweiz

Pflaumen-Walnuss-Brot

FÜR 1 RUNDES BROT

- **250 g Roggenmehl (Type 1150)**
- **250 g Weizenvollkornschrot**
- **15 g Trockensauerteig**
- **2 Päckchen Trockenhefe**
- **1 TL Salz**
- **1/2 TL Zimtpulver**
- **2 EL Malz-Extrakt (Reformhaus)**
- **1 EL Walnussöl**
- **200 g weiche Backpflaumen**
- **100 g gehackte Walnusskerne**
- **Mehl zum Bearbeiten**

Zubereitung: 25 Min.
Ruhen: 1 Std. 30 Min.
Backzeit: ca. 45 Min.
Pro Brot ca.: 3000 kcal

1 | Mehl und Schrot in eine Schüssel geben. Mit Sauerteig, Hefe, Salz, Zimt und 330 ml lauwarmem Wasser mischen. Malz-Extrakt und Öl untermischen. Auf einer bemehlten Arbeitsfläche 8 Min. kneten. In einer bemehlten Schüssel abgedeckt 30 Min. ruhen lassen.

2 | Backpflaumen vierteln, mit Nüssen mischen. Unter den Teig kneten. Zu einem runden Brot formen und etwas auseinander ziehen. Abgedeckt 1 Std. ruhen lassen.

3 | Backofen auf 200° vorheizen. Das Brot befeuchten, kreuzweise einschneiden und im Backofen (Mitte, Umluft 180°) 40–45 Min. backen.

Variante: Jeweils die Hälfte der Walnüsse und Backpflaumen durch Haselnusskerne und weiche Trockenaprikosen ersetzen.

Spezialität aus Italien

Tomaten-Oliven-Brot

FÜR 3 STANGENBROTE

- **750 g Weizenmehl (Type 550)**
- **1 1/2 Würfel Hefe (62 g)**
- **1/2 TL Zucker | 2 TL Salz**
- **4 EL Olivenöl**
- **100 g schwarze Oliven**
- **100 g getrocknete Tomaten**
- **50 g grüne Oliven ohne Stein**
- **40 g Pinienkerne**
- **1 Eiweiß zum Bestreichen**
- **2 EL frischer Rosmarin**
- **Mehl zum Bearbeiten**

Zubereitung: 35 Min.
Ruhen: 1 Std. 45 Min.
Backzeit: ca. 30 Min.
Pro Stange ca.: 1205 kcal

1 | Mehl in eine Schüssel sieben. Hefe und Zucker in 1/8 l lauwarmem Wasser auflösen. Mit 375 ml lauwarmem Wasser, Salz und Öl unter das Mehl mischen. Auf einer bemehlten Arbeitsfläche 8 Min. kneten. In einer mit Mehl bestäubten Schüssel abgedeckt 45 Min. ruhen lassen.

2 | Backblech mit Backpapier auslegen. Schwarze Oliven entsteinen. Tomaten und Oliven grob hacken. Beides mit Pinienkernen unter den Teig kneten. Den Teig zu 3 Stangen in Backblechgröße formen, auf dem Backblech abgedeckt 1 Std. ruhen lassen.

3 | Backofen 250° (Umluft 220°) vorheizen. Die Brote mehrmals quer einschneiden. Eiweiß mit einer Gabel anschlagen, die Brote damit bestreichen. Mit Rosmarin bestreuen. Die Brote im Backofen (Mitte) 10 Min. backen. Bei 200° (Umluft 180°) in 15–20 Min. fertig backen.

im Bild oben: **Pflaumen-Walnuss-Brot** *im Bild unten:* **Tomaten-Oliven-Brot**

Spezialität aus Frankreich | Klassiker

Croissants

FÜR 12 STÜCK

- **500 g Weizenmehl (Type 405)**
  1 Würfel Hefe (42 g)
  1 TL Zucker | 1 TL Salz
  1/4 l lauwarme Milch
  250 g Butter | 1 EL Mehl
  Mehl zum Bearbeiten
  1 Ei zum Bestreichen
  1 EL Dosenmilch zum Bestreichen

Zubereitung: 1 Std. 15 Min.
Ruhen: 14 Std. 30 Min.
Backzeit: ca. 20 Min.
- Pro Stück ca.: 330 kcal

1 | Mehl in eine Schüssel sieben. Hefe, Zucker und Salz in der Milch auflösen. Unter das Mehl mischen. Auf bemehlter Arbeitsfläche 5 Min. kneten. Den Teig in einer mit Mehl bestäubten Schüssel in einer Plastiktüte über Nacht im Kühlschrank ruhen lassen.

2 | Am nächsten Tag die kalte Butter mit Mehl verkneten, zwischen Folie 15 x 20 cm groß ausrollen, kühl stellen.

3 | Teig nochmal kneten und abgedeckt 1 Std. ruhen lassen. Den Teig etwa 20 x 26 cm groß ausrollen. Butter auf eine Hälfte legen und mit der anderen Hälfte einschlagen. Den Teig abgedeckt im Kühlschrank 15 Min. ruhen lassen.

4 | Das Rechteck doppelt so groß ausrollen, von beiden Seiten zur Mitte einschlagen und übereinander legen, so dass vier Schichten entstehen. Abgedeckt im Kühlschrank 15 Min. ruhen lassen. Vorgang zweimal wiederholen.

5 | Blech mit Backpapier auslegen. Teig 36 x 30 cm groß ausrollen, 6 etwa 15 x 12 cm große Rechtecke ausschneiden, diese diagonal halbieren. Die Dreiecke von der Längsseite aus aufrollen und zu Hörnchen formen.

6 | Abgedeckt auf dem Backblech 30 Min. ruhen lassen. Backofen auf 200° vorheizen. Ei mit Milch verrühren, Teiglinge damit bestreichen. Im Backofen (Mitte, Umluft 180°) 20 Min. backen.

1 Butter einschlagen

Butter auf den ausgerollten Teig legen, Teig darüber legen, die offenen Seiten einschlagen.

2 Plunderteig falten

Teig rechteckig ausrollen, zur Mitte einschlagen, so falten, dass vier Schichten entstehen.

3 Hörnchen formen

Aus dem Teig Dreiecke schneiden, von der breiten Seite zu Hörnchen aufrollen.

Spezialität aus Irland

Kartoffelfladen

FÜR 12 FLADEN

- 500 g mehlig kochende Kartoffeln
- 100 g Weizenmehl (Type 550)
- 1 1/2 TL Backpulver
- 1 TL Salz
- 1/2 TL frisch gemahlener Pfeffer
- 1 Eigelb
- 100 g Schweineschmalz
- Mehl zum Bearbeiten

Zubereitung: 50 Min.
Ruhen: 15 Min.
Pro Stück ca.: 145 kcal

1 | Die Kartoffeln in wenig Wasser in 25 Min. garen, pellen, heiß durch eine Kartoffelpresse drücken oder zerstampfen und abkühlen lassen. Das Mehl darüber sieben. Mit Backpulver, Salz, Pfeffer, dem Eigelb und 50 g Schmalz sorgfältig zu einem ganz glatten Teig verarbeiten.

2 | Den Teig 15 Min. ruhen lassen. In 12 gleich große Stücke teilen, diese auf einer bemehlten Arbeitsfläche zu einem etwa Handteller großen Fladen ausrollen.

3 | In einer großen Pfanne etwas Schmalz erhitzen. 4 Fladen auf einmal darin auf jeder Seite in 2–4 Min. goldgelb backen. Fladen im Backofen bei 100° warm halten, bis alle Fladen gebacken sind. Kartoffelfladen warm servieren.

➤ Beilagen: Dazu passen kross gebratener Schinkenspeck mit gerösteten Zwiebelringen und Kräuterquark.

Spezialität aus dem Orient

Sesamringe

FÜR 12 RINGE

- 500 g Weizenmehl (Type 550)
- 1 Würfel Hefe (42 g)
- 1 TL Zucker
- 125 g zimmerwarmer Joghurt
- 1 TL Salz
- 2 EL Olivenöl
- Mehl zum Bearbeiten
- weiche Butter für die Bleche
- 1 TL Speisestärke zum Bestreichen
- je 5 EL geschälte und schwarze Sesamsamen

Zubereitung: 40 Min.
Ruhen: 2 Std. 15 Min.
Backzeit: ca. 15 Min.
Pro Stück ca.: 200 kcal

1 | Mehl in eine Schüssel sieben. Hefe und Zucker in 1/8 l lauwarmem Wasser auflösen, 15 Min. ruhen lassen. Joghurt, Salz, Öl und Hefe unter das Mehl mischen. Auf einer bemehlten Arbeitsfläche 8 Min. kneten.

2 | Den Teig in einer mit Mehl bestäubten Schüssel abgedeckt 1 Std. ruhen lassen. Zwei Backbleche dick mit Butter einfetten. Den Teig in 12 gleich große Stücke teilen, diese zu einer etwa 20 cm langen Rolle, dann zu einem Ring formen.

3 | Auf den Backblechen abgedeckt an einem warmen Ort 1 Std. ruhen lassen. Backofen auf 240° (Umluft 220°) vorheizen.

4 | Speisestärke mit 8 EL kaltem Wasser verrühren, einmal aufkochen lassen, die Teiglinge damit bestreichen und dick mit hellem und dunklem Sesam bestreuen. Die Sesamringe im Backofen (oben) 10–15 Min. backen.

im Bild oben: **Sesamringe** *im Bild unten:* **Kartoffelfladen** ➤

Spezialität aus Schweden

Luciabrötchen

FÜR 12 BRÖTCHEN

- **500 g Weizenmehl (Type 405)**
- **225 ml lauwarme Milch**
- **2 Msp. gemahlener Safran**
- **30 g frische Hefe**
- **6 EL Zucker | 1/2 TL Salz**
- **1/2 TL gemahlener Kardamom**
- **50 g weiche Butter**
- **75 g Rosinen**
- **25 g gehackte Mandeln**
- **Mehl zum Bearbeiten**
- **1 Eigelb zum Bestreichen**
- **Hagelzucker zum Bestreuen**

Zubereitung: 35 Min.
Ruhen: 1 Std.
Backzeit: ca. 25 Min.
Pro Stück ca.: 255 kcal

1 | Mehl in eine Schüssel sieben. Milch mit Safran, Hefe und 1 TL Zucker verrühren. Mit restlichem Zucker, Salz, Kardamom, Butter unter das Mehl mischen. Den Teig auf einer bemehlten Arbeitsfläche 5 Min. kneten. Den Teig in einer mit Mehl bestäubten Schüssel 30 Min. abgedeckt ruhen lassen.

2 | Backblech mit Backpapier auslegen. Rosinen und Mandeln unter den Teig kneten. Teig in 12 gleich große Stücke teilen, diese zu länglichen Brötchen formen. Auf dem Backblech abgedeckt 30 Min. ruhen lassen.

3 | Backofen auf 200° vorheizen. Eigelb mit wenig Wasser verrühren. Brötchen kreuzweise einschneiden, mit Eigelb bestreichen, mit Hagelzucker bestreuen. Brötchen im Backofen (Mitte, Umluft 180°) 20–25 Min. backen.

Spezialität aus Polen

Steinpilzschnecken

FÜR 12 SCHNECKEN

- **25 g getrocknete Steinpilze**
- **125 g Haselnusskerne**
- **500 g Weizenmehl (Type 550)**
- **125 g lauwarme Buttermilch**
- **1 Würfel Hefe (42 g)**
- **1 TL Zucker**
- **1 TL Salz**
- **4 EL Haselnussöl**
- **2 TL Thymianblättchen**
- **Mehl zum Bearbeiten**
- **1 Eigelb zum Bestreichen**

Zubereitung: 40 Min.
Ruhen: 1 Std.
Backzeit: ca. 25 Min.
Pro Stück ca.: 265 kcal

1 | Steinpilze in 1/2 l heißem Wasser 30 Min. quellen lassen. Haselnusskerne rösten, fein hacken, 2 EL beiseite stellen. Mehl in eine Schüssel sieben. Buttermilch, Hefe und Zucker verrühren. Mit Mehl, Salz, Öl, 1 TL Thymian und 1/8 l lauwarmem Pilzwasser mischen. Auf bemehlter Arbeitsfläche 5 Min. kneten.

2 | Den Teig in einer mit Mehl bestäubten Schüssel 30 Min. ruhen lassen. Backblech mit Backpapier auslegen. Pilze abtropfen lassen, fein hacken. Mit den Nüssen mischen. Pilz-Nuss-Mischung unter den Teig kneten. Zu 12 etwa 18 cm langen Rollen formen, diese zu Schnecken drehen. Auf dem Backblech abgedeckt 30 Min. ruhen lassen.

3 | Backofen auf 200° vorheizen. Eigelb mit wenig Wasser verrühren, Teiglinge damit bestreichen. Mit restlichen Nüssen und Thymian bestreuen. Im Backofen (Mitte, Umluft 180°) 20–25 Min. backen.

im Bild oben: **Luciabrötchen** *im Bild unten:* **Steinpilzschnecken**

Brotparty
Essvergnügen für Jung und Alt

Laden Sie Ihre Freunde doch einmal zu einer originellen Brotparty ein. Selbstgebackenes lässt sich prima vorbereiten. Gebäck aus hellem Mehl können Sie ruhig einige Tage einfrieren. Bei Bedarf wird es dann im vorgeheizten Backofen bei 180° in 10–15 Min. wieder knusprig-frisch. Dunkle Brote entfalten sogar erst nach 1–3 Tagen ihren vollen Geschmack – können also auch vorgebacken werden. Für 12–14 Gäste reichen je ein Rezept: Rosenbrot (s. S. 14), Haselnussbrot mit Kefir (s. S. 16), Rosinenbrötchen (s. S. 22), Kürbiskernhörnchen (s. S. 26) und Croissants (s. S. 53).
Dazu passen Konfitüre, Honig und die Aufstriche von Seite 10 und 11, milde Käsesorten und gekochter Schinken – alles dekorativ arrangiert. Zur Abrundung: frische Salate der Saison, Radieschen, Paprikastreifen, Staudensellerie sowie Perlzwiebeln und Cornichons aus dem Glas dazustellen. Und die Getränke nicht vergessen!
Was an Brot übrig bleibt, lässt sich super weiterverarbeiten. Altbackenes Weißbrot eignet sich für Semmelbrösel, Kartäuserklöße, Arme Ritter und Semmelknödel. Oder: Alle altbackenen Brotsorten würfeln und in Olivenöl oder Butter mit Gewürzen oder Nüssen knusprig braten. Schmeckt als Imbiss oder knusprige Zutat für Suppen und Salate.

DAS PASST DAZU

Das passt dazu

Salate

- ✗ Frühling: Kohlrabi-, Spargel-, Spinat- oder Radieschensalat.
- ✗ Sommer: Möhrensalat, gemischter Blattsalat, Gurkensalat.
- ✗ Herbst: Rucola-, Tomaten-, Bohnen- oder Pilzsalat.
- ✗ Winter: Rote-Bete-Salat, Sauerkraut-, Feld- oder Chicoréesalat.

Getränke

- ✗ Alkoholfreies: Apfelschorle mit Apfelwürfeln in einer Karaffe; Holunderbeersaft mit Mineralwasser und Birnenwürfeln.
- ✗ Erfrischendes: Hibiskusblütentee mit Johannisbeersaft und Eiswürfeln, in denen Pfefferminzblätter eingefroren wurden.
- ✗ Bierspezialitäten: Pils, Schwarzbier, internationale Biere.
- ✗ Für Weintrinker: kräftige Weiß- und gehaltvolle Rotweine aus Deutschland, Frankreich, Italien, Australien, Neuseeland und Chile.

Würzige Baguettes

Für 4–8 Personen 1 Baguette (s. Variante S. 46) schräg ein- aber nicht durchschneiden. Mit der Feta-Mischung bestreichen. Im vorgeheizten Backofen backen.

1

2

Gefülltes Bauernbrot

Das Würzige Bauernbrot (etwa 2 kg) von Seite 33 so aushöhlen, dass ein dekorativer Topf entsteht und mit 1,2 kg Szegediner Gulasch oder 1 kg Wurst-Käse-Salat füllen.

Fingerfood

Mini-Brötchen, z. B. Kaiserbrötchen von Seite 13, mit Roquefort-Birnen-Walnuss-Creme, Schinken-Eier-Senfcreme oder Aufstrichen s. S. 10/11 füllen.

3

Zum Gebrauch
Damit Sie Rezepte mit bestimmten Zutaten noch schneller finden können, stehen in diesem Register zusätzlich auch beliebte Zutaten wie Backpulver oder Quark – ebenfalls alphabetisch geordnet und **halbfett** gedruckt – über den entsprechenden Rezepten.

Die Autorin

Kristiane Müller-Urban ist erfolgreiche Kochbuchautorin sowie Reiseschriftstellerin und verwöhnt ihre Familie, besonders die Enkelin Carlotta, mit Selbstgebackenem. Ihre Erfahrungen und ihr umfangreiches Know-how rund ums Backen, Kochen und Genießen vermittelt sie Erwachsenen und auch Kindern in Kochkursen. Inzwischen hat sie über 100 Kochbücher geschrieben und bei renommierten Verlagen veröffentlicht.

Der Fotograf

Jörn Rynio arbeitet als Fotograf in Hamburg. Zu seinen Auftraggebern gehören nationale und internationale Zeitschriften, Buchverlage und Werbeagenturen. Aus seinem Studio stammen alle Rezeptfotos in diesem Band. Tatkräftig unterstützt wurde er dabei von der Foodstylistin Martina Mehldau.

Hinweis

Die Temperaturstufen bei Gasherden variieren von Hersteller zu Hersteller. Welche Stufe Ihres Herdes der jeweils angegebenen Temperatur entspricht, entnehmen Sie bitte der Gebrauchsanweisung.

Bildnachweis

Teubner Foodfoto: S. 6 o.l., o. Mitte, o. r.; S. 6 u. l.
Alle anderen: Jörn Rynio, Hamburg

Impressum

Redaktionsleitung: Birgit Rademacker
Redaktion: Tanja Dusy
Lektorat: Redaktionsbüro Maryna Zimdars, München
Layout, Typografie und Umschlaggestaltung: Independent Medien Design, München
Herstellung: Maike Harmeier
Satz: Design Typo-Print, Ismaning
Repro und Druck: Appl, Wemding
Bindung: Sellier, Freising

ISBN 3-7742-5451-6

Auflage 5. 4.
Jahr 2006 05 04

GRÄFE UND UNZER

Ein Unternehmen der
GANSKE VERLAGSGRUPPE

Das Original mit Garantie

Ihre Meinung ist uns wichtig. Deshalb möchten wir Ihre Kritik, gerne aber auch Ihr Lob erfahren. Um als führender Ratgeberverlag für Sie noch besser zu werden. Darum: Schreiben Sie uns! Wir freuen uns auf Ihre Post und wünschen Ihnen viel Spaß mit Ihrem GU-Ratgeber.

Unsere Garantie: Sollte ein GU-Ratgeber einmal einen Fehler enthalten, schicken Sie uns das Buch mit einem kleinen Hinweis und der Quittung innerhalb von sechs Monaten nach dem Kauf zurück. Wir tauschen Ihnen den GU-Ratgeber gegen einen anderen zum gleichen oder ähnlichen Thema um.

GRÄFE UND UNZER VERLAG
Redaktion Kochen
Postfach 86 03 25
81630 München
Fax: 089/41981-113
e-mail: leserservice@graefe-und-unzer.de

GU KÜCHENRATGEBER

Neue Rezepte für den großen Kochspaß

ISBN 3-7742-4905-9

ISBN 3-7742-4906-7

ISBN 3-7742-5456-7

ISBN 3-7742-4882-6

ISBN 3-7742-5457-5

ISBN 3-7742-5452-4

64 Seiten, 7,50 € [D]

Das macht die GU Küchenratgeber zu etwas Besonderem:

- *Rezepte mit maximal 10 Hauptzutaten*
- *Blitzrezepte in jedem Kapitel*
- *alle Rezepte getestet*
- *Geling-Garantie durch die 10 GU-Erfolgstipps*

Gutgemacht. Gutgelaunt.

Gelinggarantie für selbst gebackenes Brot

HEFETEIG

- Hefeteig gelingt mit frischer Hefe und Trockenhefe.
- Er liebt Wärme, daher sollten Zutaten, wie Flüssigkeiten, Eier, Fett, zimmerwarm sein.
- Er muss geknetet werden und ruhen, damit er sein Volumen verdoppeln kann – das sorgt für eine lockere Struktur.
- Je gehaltvoller der Teig durch Fett, Nüsse und Eier, desto mehr Hefe wird benötigt.

BACKPULVERTEIG

- Teige mit Backpulver können Sie auch in der Küchenmaschine herstellen.
- Ihr Vorteil: Sie müssen weder lange geknetet werden noch lange ruhen.
- Backpulver stets mit Mehl mischen, dann erst mit den restlichen Zutaten vermengen.

HALTBARKEIT

- Weißbrot lässt sich bis zu drei Tagen, Weizenmischbrot bis zu fünf und Mischbrot bis zu sechs Tagen aufbewahren.
- Roggenmischbrot schmeckt bis zu sieben Tagen gut, Roggenbrot bis zu zehn, Roggenschrot- und Roggenvollkornbrot bis zu zwölf.
- Brötchen und Gebäck schmecken frisch.

BROT AUFBEWAHREN

- Brote halten sich in Brotkästen, Brotbeuteln oder speziellen Behältern aus Keramik.
- Ein, zwei Tage können Sie es auch in Plastikbeuteln mit einem Luftloch aufbewahren.
- Verschimmeltes Brot wegwerfen.
- Behältnisse mit heißem, verdünntem Essigwasser regelmäßig auswaschen.